Cloud Computing und Datenschutz

Christoph Kammermeier

GRIN ☺

Bibliografische Information der Deutschen Nationalbibliothek:

Die Deutsche Nationalbibliothek verzeichnet diese Publikation in der Deutschen Nationalbibliografie; detaillierte bibliografische Daten sind im Internet über http://dnb.d-nb.de abrufbar.

ISBN: 9783346372390
Dieses Buch ist auch als E-Book erhältlich.

Druck und Bindung: Books on Demand GmbH, Norderstedt Germany
Gedruckt auf säurefreiem Papier aus verantwortungsvollen Quellen

Das vorliegende Werk wurde sorgfältig erarbeitet. Dennoch übernehmen Autoren und Verlag für die Richtigkeit von Angaben, Hinweisen, Links und Ratschlägen sowie eventuelle Druckfehler keine Haftung.

Das Buch bei GRIN: https://www.grin.com/document/998135

DIPLOMA

HOCHSCHULE

Private Fachhochschule Nordhessen

Studiengang Wirtschaftsingenieurwesen

Hausarbeit – Wirtschaftsinformatik

Cloud Computing und Datenschutz

Vorgelegt von: Christoph Kammermeier

Bearbeitungszeit: 8 Wochen

Abgabe am: 30.05.2020

Inhaltsverzeichnis

1. Einleitung

Die IT hat in den letzten Jahren für Unternehmen immer mehr an Bedeutung gewonnen, um Geschäftsprozesse zu vereinfachen und sie zu beschleunigen. Der Weg vorbei an der digitalen Transformation ist daher heutzutage nahezu unmöglich. Grundsätzlich verkörpert Cloud Computing die Bereitstellung und Nutzung von IT Infrastruktur, was auch derzeit von immer mehr Unternehmen genutzt wird.[1] Im privaten Bereich hat sich die Cloud schon längst durchgesetzt. Auslagerung von Dokumenten, Bildern und Videos in die Wolke wird von vielen Anwendern bereits vorgenommen. Ein Beispiel hierfür ist z.b. der Anbieter Dropbox.

Gerade weil der Begriff Cloud Computing sich derzeit im Vormarsch und aller Munde befindet, behandle ich in dieser Hausarbeit dieses Thema. Im ersten Teil wird der Begriff erklärt und die verschiedenen Arten von Clouds erörtert. Anschließend werden die technischen Konzepte geschildert. Im zweiten Teil wird auf das Thema Datenschutz genauer eingegangen, schwerpunktmäßig mit den Anforderungen des Bundesdatenschutzgesetzes und dessen Schwierigkeiten im Ausland. Im vierten und fünften Kapitel werden die Vorteile/Chancen bzw. die Nachteile/Gefahren von Cloud Computing behandelt. Abschließend ziehe ich mein Fazit und fasse die Arbeit kurz zusammen.

2. Cloud Computing

Im ersten Kapitel wird der Begriff Cloud Computing erst einmal erklärt, anschließend werden die Arten von Clouds und technische Konzepte aufgezeigt.

2.1 Begriffserklärung

Namentlich bezeichnet wurde das „Cloud Computing" von Eric Schmidt, er prägte in den 90er Jahren den Begriff „Computer in der Cloud". Cloud Computing ist keineswegs eine Neuerung, es handelt sich vielmehr um die Zusammenfassung verschiedener Fortschritte aus der Informationstechnik und den Internettechnologien.[2] Der Begriff „Cloud" soll dabei andeuten, dass die Dienste von einem anderen Anbieter

---

[1] Vgl. Braun, Christian et al., Cloud Computing, Informatik im Fokus, 2. Aufl., Springer-Verlag Berlin Heidelberg 2011, S. 1.

[2] Vgl. Barton, Thomas, E-Business mit Cloud Computing, IT-Professional, Springer Fachmedien, Wiesbaden, 2014, S.41.

im Internet erbracht werden.[3] Direkt übersetzt bedeutet es „Datenverarbeitung in einer Wolke", was jedoch nur bedingt Erkenntnisse liefert. Deshalb wird durch die Funktionsweise der Begriff näher erläutert. Bislang speicherte der Großteil der Computer-Nutzer seine Daten lokal auf internen oder externen Festplatten sowie auf Servern, die sich in den eigenen Wohn- bzw. Geschäftsräumen befinden. Beim Cloud Computing können IT-Leistungen auf externen Servern bereitgestellt werden und via Internet vom Nutzer abgerufen werden können. Das können zum Beispiel Anwendungen, wie Tabellenkalkulationen, Textverarbeitungsanwendungen oder Vertriebs- und CRM-Systeme sein, oder die gesamte IT-Infrastruktur eines Unternehmens. Darüber hinaus kann Cloud Computing aber auch genutzt werden, wenn extrem viel Speicherplatz benötigt wird, zum Beispiel kurzfristig in Projekt- oder Entwicklungsphasen oder aber auch langfristig beispielsweise zur Verwaltung von Kundendaten oder betriebsinternen Daten.

2.2 Arten von Clouds

Clouds werden organisatorisch gesehen in drei Typen unterteilt. Diese sind Public Cloud, Hybrid Cloud und Private Cloud, wobei es sich bei Hybrid Cloud um eine Kombination aus den Typen Private Cloud und Public Cloud handelt. Diese drei Typen werden in nachfolgender Grafik dargestellt.

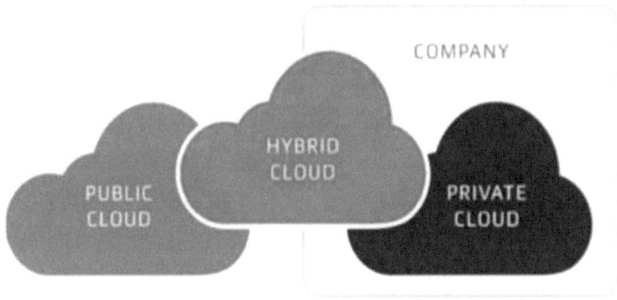

Abb. 1: Darstellung der verschiedenen Cloud Formen

---

[3] Vgl. Braun, Christian et al., Cloud Computing, Informatik im Fokus, 2. Aufl., Springer-Verlag Berlin Heidelberg 2011, S.1.

2.2.1 Public Cloud

Die Public Cloud (auch External Cloud) ist meist über eine Online-Präsenz für die Öffentlichkeit zugänglich und grundsätzlich für jedermann gleichzeitg (Multimandantenfähigkeit) verfügbar. Anbieter und Benutzer gehören nicht zur gleichen organisatorischen Einheit und haben in der Regel auch keinen übergeordneten Rahmenvertrag. Eine Leistungsspezifikation, welche die vertragliche Bindung regelt, genügt hierfür. Das Preismodell basiert auf einer Abrechnung pro Nutzung (pay per use).[4][5]

2.2.2 Private Cloud

Eine Private Cloud ist im Gegensatz dazu eine unternehmensindividuelle Cloud, die oft von einem Unternehmen selbst betrieben wird. Deshalb ist der Zugang meistens beschränkt auf Mitarbeiter, eventuell auch auf Lieferanten und Kunden.[6] Dieser erfolgt in der Regel über ein Intranet bzw. eine Virtual Private Network-Verbindung. Durch VPN wird dem Anwender von jeden Ort ein sicherer Zugriff auf seine privaten Daten gewährt, indem die Internetverbindung verschlüsselt wird, um so einen virtuellen Tunnel zwischen Netzwerkkarte und VPN-Server aufzubauen.[7] Im Unterschied zu öffentlichen Clouds sind Private Clouds bei Netzbandbreite und Verfügbarkeit nicht eingeschränkt und bieten zudem einen besseren Ausfallschutz. Auch Sicherheitsrisiken werden im Gegensatz zu Public Clouds deutlich gemindert.[8]

2.2.3 Hybrid Cloud

Die Hybrid Cloud bildet eine Mischform der beiden vorher genannten Clouds, die dazu dienen soll, die Vorteile der beiden anderen Clouds zu kombinieren und deren Nachteile zu kompensieren. Dabei könne die Private Cloud bei hohem Datenaufkommen oder Systemausfällen auf Ressourcen der Public Cloud zurückgreifen. In der Private Cloud sei die Speicherung der sensiblen Daten möglich,

---

[4] Vgl. Baun, Christian, et al., 2011, S.27-28

[5] Vgl. Luhn, Achim, et al., Cloud Computing – Was Entscheider wissen müssen, BITKOM, Berlin, 2010, S.18.

[6] Vgl. Barton, Thomas, E-Business mit Cloud Computing, IT-Professional, Springer Fachmedien Wiesbaden 2014, S. 45

[7] Vgl. Websecuritas, Was ist VPN?, unter: https://www.websecuritas.com/was-ist-vpn/

[8] Vgl. Manhart, Klaus, Organisationsformen von Clouds, Private, Public und Hybride Clouds, Hrsg. IDG Business Media GmbH München, Artikel vom 29.09.2009, unter: https://www.computerwoche.de/a/organisationsformen-von-clouds,1906429

während die Public Cloud Speicher für unsensible Daten bietet.[9]

2.2.4 Weitere Arten

Neben obig genannten Arten, sind noch andere existierende Varianten zu nennen:

- Community Cloud – Mehrere Organisationen mit ähnlichen Interessen teilen sich eine gemeinsame Cloud (Beispiel: Krankenhäuser).[10]
- Gaming Cloud – High-End Games laufen auf leistungsstarken Servern und werden dem Nutzer auf Low-End Geräten zur Verfügung gestellt.[11]

2.3 Technische Konzepte

Bei Cloud Computing geht es nicht mehr darum, Rechner, Speicher, Entwicklungsumgebungen oder gar ganze Anwendungen zu besitzen, sondern als Service zu nutzen.[12] Cloud Computing wird in folgende drei Servicemodelle unterteilt (Abb.2), die sich dahingehend unterscheiden, welcher Anteil des Betriebs und der Administration vom Dienstleister bzw. vom Kunden übernommen wird.

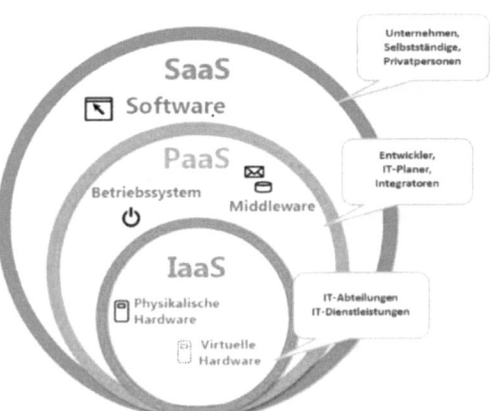

Abb. 2: Servicemodelle des Cloud Computing

2.3.1 Infrastructure as a Service (IaaS)

Bei dieser Form von Cloud Computing werden Betriebssysteme virtuell in der Cloud, auf verschiedenen Servern, zur Verfügung gestellt. Die Benutzer haben also Zugriff auf Betriebssysteme auf externen Servern und können individuell Software innerhalb

[9] Vgl. Baun, Christian, et al., 2011, S.27-28.

[10] Vgl. Haselmann, Till und Vossen, Gottfried, Database-as-a-Service für kleine und mittlere Unternehmen, Förderkreis der angewandten Informatik an der Westfälischen Wilhelms-Universität Münster, Münster, 2010, S.16.

[11] Vgl. Baun, Christian, et al., 2011, S.70-71.

[12] Vgl. Barton, Thomas, E-Business mit Cloud Computing, IT-Professional, Springer Fachmedien Wiesbaden 2014, S. 44.

dieser Infrastruktur installieren. Rechen- und Speicherleistung kann je nach Bedarf und Auslastungsgrad abgerufen werden, wodurch die Möglichkeit zur Skalierung der Kosten entsteht. Für die Regulierung der unterschiedlichen Beanspruchungen des Systems (Load Balancing), ist hier der Cloud-Computing-Anbieter zuständig. Der Nutzer kann sich daher auf sein Kerngeschäft konzentrieren. Durch die Nutzung von IaaS muss das Unternehmen kein eigenes Rechenzentrum mehr betreiben, um Services anzubieten.

2.3.2 Platform as a Service (PaaS)

Plattform as a Service bedeutet, dass Entwicklungsplattformen auf externen Servern bereitgestellt werden. Im Vergleich zur IaaS-Ebene, hat der Nutzer hier keine Möglichkeit auf das Betriebssystem zuzugreifen, sondern er bekommt vom Anbieter eine bereits vorbereitete Plattform zur Verfügung gestellt. Diese Plattform kann dann beispielsweise genutzt werden, um laufzeitbegrenzte Projekte durchzuführen oder Anwendungen zu entwickeln. Der Vorteil für den Nutzer ist, dass er sich rein auf den Entwicklungsprozess seiner Anwendungen konzentrieren kann, da er sich nicht um Dinge wie Wartung und Softwarelizenzkosten der Plattform kümmern muss.

2.3.3 Software as a Service (SaaS)

Die am häufigsten verwendete Cloud-Computing-Ebene ist die Anwendungsebene, genannt Software as a Service. Hierbei wird dem Anwender eine bereits vollständig nutzbare Software, via Internet zur Verfügung gestellt, die er ohne jeglichen Installationsaufwand verwenden kann. Das können zum Beispiel CRM-Anwendungen sein, oder aber Dokumentenmanagement-Lösungen oder Email-Anwendungen sein. Der Nutzer ist also nicht räumlich gebunden und kann die Anwendung von Überall dort nutzen, wo er Zugriff auf das Internet hat. Da keine lokale Installation stattfinden muss, ist die Verteilung bei mehreren Benutzern sehr einfach, weil die Software schon auf dem externen Server installiert ist. Für jeden Anwender, der die Anwendung zusätzlich nutzen will, muss lediglich ein zusätzlicher Zugang gekauft werden.

2.3.4 weitere Architekturen

Der Vollständigkeit halber sind nachfolgend noch weitere Cloud Architekturen notiert:
- Human as a Service (HaaS) – Menschen bieten Übersetzungs- oder Designdienste an
- High Performance Computing as a Service (HPCaaS) – Hohe Rechenleistung und geringe Latenzzeiten werden zur Verfügung gestellt

- Landscape as a Service (LaaS) – Komplexe Rechenzentren können hier ausgelagert werden, so gesehen eine Erweiterung von IaaS.[13]

3. Datenschutz

Natürlich kommt bei der ganzen Auslagerung von Daten, Anwendungen und Funktionen schnell die Frage auf, wie sicher die eigenen Daten in den Händen bzw. auf den Servern der Cloud-Betreiber sind.

3.1 Risiken mit Datensicherheit bei Cloud Computing

Immer zahlreicher werden Diskussionen zum Thema Datenschutz und Datensicherheit in Cloud Systemen geführt. Vor der Inanspruchnahme eines Cloud Dienstes sollte sich deshalb jeder Nutzer über die möglichen Risiken einen Überblick verschaffen. Dazu zählen vor allem Punkte wie Datenverlust oder Datenmanipulation, Zugriff auf Daten durch Dritte oder Geheimdienste und besonders auch Identitätsdiebstahl oder Missbrauch des Accounts.[14] Diese Probleme tauchen in der Praxis immer häufiger auf. Dabei treten auch namhafte Cloud-Dienste wie Dropbox in Augenschein. Denn hier wurden im Jahr 2016 insgesamt 68 Millionen verschlüsselte Nutzerpasswörter durch einen Hackerangriff im Netz veröffentlicht und als Download zur Verfügung gestellt.[15]

3.2 Anforderung an den Datenschutz (BDSG)

Neben den technischen Vorkehrungen müssen auch einige rechtliche Aspekte beachtet werden. Denn nur wenn das Datenschutzrecht generell und im Besonderen das BDSG anwendbar ist, kann eine Auftragsdatenverarbeitung nach §11 BDSG vorliegen. „Aus Datenschutzsicht relevant ist Cloud Computing nur, wenn personenbezogene Daten verarbeitet werden (§ 3 Abs. 1 BDSG), also wenn die verarbeiteten Einzelangaben einer bestimmten oder bestimmbaren natürlichen Person, also einem Menschen – dem Betroffenen – zugeordnet werden können."[16]

---

[13] Vgl. Baun, Christian, et al., 2011, S.41.

[14] Vgl. Dr. Datenschutz, Datenschutz und Datensicherheit beim Cloud Computing, Hrsg. intersoft consulting services AG, Artikel vom 04.01.2017, unter: https://www.datenschutzbeauftragter-info.de/datenschutz-und-datensicherheit-beim-cloud-computing/

[15] Vgl. Schirrmacher, Dennis, 68 Millionen verschlüsselte Passwörter aus Dropbox-Hack veröffentlicht, Hrsg. Heise Medien GmbH, Artikel vom 05.10.2016, unter: https://www.heise.de/security/meldung/68-Millionen-verschluesselte-Passwoerter-ausDropbox-Hack-veroeffentlicht-3340846.html

[16] Weichert, Thilo, Cloud Computing und Datenschutz, Hrsg. Unabhängiges Landeszentrum für Datenschutz Schleswig-Holstein, Artikel vom 17.06.2010, Kapitel 3, unter: https://www.datenschutzzentrum.de/cloud-computing/20100617-cloud-computing-unddatenschutz.html

3.2.1 Vertrag zur Auftragsdatenverarbeitung (ADV)

Nach dem Bundesdatenschutzgesetz (§ 3 Abs. 7 BDSG) bleibt beim Cloud Computing der Anwender die verantwortliche Stelle. Er ist daher weiterhin im Außenverhältnis für die Sicherheit der Daten verantwortlich. Außerdem muss mit dem Cloud Anbieter ein Vertrag zur Auftragsdatenverarbeitung (ADV) nach § 11 BDSG geschlossen werden,[17] welcher eine datenschutzrechtliche Grundlage, für die Übertragung von Daten in dem bereitgestellten Cloud-Service darstellt. Spezielle wichtige Punkte die in der Auftragsdatenverarbeitung abgebildet sein sollten sind: - Beauftragung von Unterauftragnehmer durch den Cloud Anbieter. Hier sollte genau geregelt und definiert sein, wann ein Unterauftragsverhältnis vorliegt und gleichzeitig sichergestellt werden, dass die Weisungen des Cloud-Nutzers auch für diese weiteren Unternehmen gelten. - Kontrollrechte während der Vertragslaufzeit. Zum einen hat der Cloud Anbieter einen betrieblichen Datenschutzbeauftragten vorzuweisen, zum anderen muss sich der Nutzer auch regelmäßig von der Einhaltung der vereinbarten technischen und organisatorischen Maßnahmen überzeugen. - Löschung der Daten nach Auftragsbeendigung.[18]

Oftmals weist der Vertrag über die Auftragsdatenverarbeitung geografische Grenzen auf, denn die Privilegierungswirkung für Cloud Anbieter ist nur auf die Europäische Union (EU) und den Europäischen Wirtschaftsraum (EWR) beschränkt.[19] Da hier aufgrund der Datenschutzrichtlinie ein weitgehend harmonisiertes Datenschutzniveau besteht, unterliegt der Datenübermittlung den gleichen Anforderungen als von inländischen Anbietern.[20]

3.2.2 Datenübermittlung außerhalb der EU/ EWR, speziell in die USA

Ein großer Teil der Cloud Anbieter haben Server im Ausland und speichern somit auch die Daten zum Teil außerhalb der EU oder des EWR. Das führt dazu, dass der Abschluss eines ADV-Vertrags alleine nicht mehr ausreichend ist. Hierbei kann dann

---

[17] Vgl. Budszus, Jens et al., Orientierungshilfe Cloud Computing, Kapitel 3 - Datenschutzrechtliche Aspekte, Version 2.0/ 09.10.2014, S. 9.

[18] Vgl. Borges, Georg et al., Leitfaden – Datenschutz und Cloud Computing Nr.11, Kapitel 3.4.2 - Zehn Mindestinhalte der Vereinbarung über die Auftragsdatenverarbeitung, Kompetenzzentrum Trusted Cloud Arbeitsgruppe; April 2015, S. 22-25.

[19] Vgl. Borges, Georg et al., (FN 23), Kapitel 2.4.2.1 - Beauftragung im Wege der Auftragsdatenverarbeitung, S. 12-13.

[20] Vgl. Borges, Georg et al., (FN 23), Kapitel 4.2.1 - Datenübermittlung an Stellen mit EU- oder EWR-Sitz , S.27.

eine gesetzliche Zulässigkeitsregelung Anwendung finden, bei der sich an den Vorgaben des AVD angelehnt wird. Denn grundsätzlich muss eine Rechtsgrundlage zur Datenübermittlung hergestellt werden.[21] Für die Datenübermittlung in die USA, welche nicht zu dem Kreis von sicheren Drittländern gehören, gibt es hierfür das spezielle Abkommen mit Namen „Privacy Shield", welches amtliche mit "der EU-US-Datenschutzschild" übersetzt wird. Ein neu beschlossener Vertrag, der den Rechtsrahmen des Datentransfers zwischen USA und Europa beschreibt. Der im Juli 2016 durch die Europäische Kommission beschlossene Vertrag, soll die Nachfolge der Safe-Harbor Regelung sein, die nach dem Urteil des EuGH am 06.10.2015 für ungültig erklärt wurde.[22] Zahlreiche Industrieverbände befürworten diese neue Regelung, denn durch sie soll der transatlantische Datenschutz verbessert werden und ein Schutzniveau ähnlich wie in der EU sichergestellt werden.[23] Laut EU haben sich inzwischen 2400 Firmen für den neuen Schutzschirm zertifiziert, um sich beim internationalen Datenfluss auf eine rechtliche Regelung zu berufen. Auch große Firmen wie Amazon haben sich dem transatlantischen Datenpakt angeschlossen, was für die Europäische Kommission als Erfolg angesehen wird. Doch nach einigen Meinungen von Kritikern ist auch dieser aktuelle Beschluss wiederum lückenhaft, was vermutlich auch in der Zukunft noch eine harte Bewährungsprobe für den Schutzschirm mit sich bringt.[24]

4. Vorteile/Chancen von Cloud Computing

Cloud Lösungen bringen zahlreiche Vorteile und Nutzen mit sich. Vor allem bei Unternehmen die aufgrund Ihrer Größe keine ausreichenden Kapazitäten für das Betreiben und Absichern der eigenen Server haben, kann die Nutzung eines Cloud-Systems von großer

Abb. 3: Nutzung von Cloud Computing in Unternehmen

---

[17] Vgl. Dr. Datenschutz, Datenschutz und Datensicherheit beim Cloud Computing, Hrsg. intersoft consulting services AG, Artikel vom 04.01.2017, unter: https://www.datenschutzbeauftragter-info.de/datenschutz-und-datensicherheit-beim-cloud-computing/

[18] Vgl. Der Bayerische Landesbeauftragte für den Datenschutz (BayLfD), EU-US Privacy Shield/ Safe Harbor, Stand 03.07.2017, unter: https://www.datenschutz-bayern.de/faq/FAQ-SafeHarbor.html

[18]Vgl. Das neue Datenabkommen in den USA steht, Hrsg. Spiegel Online, Artikel vom 12.07.2016, unter http://www.spiegel.de/netzwelt/netzpolitik/privacy-shield-das-neue-datenabkommen-mit-den-usa-steht-a-1102659.html

[18] Vgl. Gruber, Angela, Unser europäischer Daten-Schutzschild hat Löcher, Hrsg. Spiegel, vom 30.10.2017, unter: http://www.spiegel.de/netzwelt/netzpolitik/privacy-shield-der-eu-in-der-kritik-unser-daten-schutzschild-hat-viele-loecher-a-1175049.html

Wichtigkeit sein. Im Bereich der Privatanwendung wird der Dienst bereits sehr intensiv genutzt, doch auch in Unternehmen nimmt er immer mehr an Bedeutung zu und wird laut Statistik von mittlerweile bis zu 65% aller Firmen genutzt (vgl. Abb. 3), wobei die Tendenz weiterhin ansteigend ist. Denn besonders in Betrieben in denen viele Mitarbeiter einen Heimarbeitsplatz besitzen, kann dadurch sehr flexibel agiert werden. Somit können wichtige Daten aus dem Unternehmen über die Cloud abgerufen und bearbeitet werden. In Bereichen wie Projektmanagement ist dies ebenfalls von großem Vorteil, denn so ist mit einer zentralen Cloud, in der jeder Zugriff auf die notwendigen Daten besitzt, das Hindernis des Datenaustauschs und der Aktualisierung beseitigt. Weiterhin genügen für die Nutzung dieses äußerst flexiblen Systems ein Internetanschluss und ein Endgerät mit den jeweiligen Zugangsrechten. Egal ob Smartphone, Notebook oder Desktop-PC der Zugriff auf die Cloud funktioniert dabei von überall, wodurch wiederum Kosten für die Bereitstellung der Hardware und Software eingespart werden können. Nachdem heutzutage in jedem Unternehmen eine funktionierende IT unerlässlich ist, steht ebenso das Thema „Backup" im Vordergrund. Wichtige Daten müssen dabei immer zuverlässig und schnell zur Verfügung stehen, auch nach einem Stromausfall, System-Crash oder anderen Katastrophenfall. Hier kann die Aufgabe der Sicherung sehr einfach an den Cloud-Anbieter übergeben werden, womit auf teure Hardware und die Ausbildung von Administratoren größtenteils verzichtet werden kann.[25] Ein ebenfalls wichtiger Baustein ist Cloud Computing bei einem zentralen Thema wie der Industrie 4.0. Den Betreibern von Maschinenparks bietet sich dadurch die Chance, ihre Anlagen auf einfachste Art und Weise miteinander zu vernetzen. Somit können aus den ermittelten Daten nicht nur Erkenntnisse zur Effizienzsteigerung gewonnen werden, sondern besitzen zum Teil auch das Potential, neue Geschäftsmodelle zu generieren.[26]

5. Nachteile/Gefahren von Cloud Computing

Wesentliche Probleme des Systems tauchen besonders in Bezug auf die Sicherheit auf.

---

[25] Vgl. Joss Thomas, Cloud Backup für Unternehmen, Hrsg. CloudComputing Insider, Absatz: Zusammenfassung, Artikel vom 23.07.2015, unter: https://www.cloudcomputing-insider.de/cloud-backup-fuer-unternehmen-a-498566/

[26] Vgl. Horn, Robert, Digitaler Baustein für das Internet der Dinge, Hrsg. Vogel Bussiness Media, Artikel vom 06.10.2017, S.2, unter: https://www.maschinenmarkt.vogel.de/digitaler-baustein-fuer-das-internet-der-dinge-a-650720/

Denn durch immer häufigere Hacker-Angriffe auf die Cloud-Server, müssen die Rechner-Anlagen mit großem technischem und finanziellem Aufwand gewartet und immer besser abgesichert werden. Ziel und Hintergrund der Angriffe ist meist das Abfangen von personenbezogenen Nutzerdaten. Problematisch ist zudem auch das Ablegen der Daten, die nicht nur wie angenommen gespeichert, sondern mitunter auch kopiert, ausgewertet, geloggt oder anderweitig genutzt werden. In Bezug auf die Nutzungsbedingungen der meisten Cloud-Anbieter ist dies auch nach den aktuell geltenden Datenschutzrichtlinien erlaubt. Doch die Tatsache relativiert sich besonders dann, wenn sich die Server des Dienstleisters im nicht-europäischen Ausland befinden. Denn hierbei unterliegt die Speicherung nicht den deutschen oder europäischen Richtlinien, sondern ist datenschutzrechtlich eher kritisch zu betrachten, was bereits im Kapitel 3 dieser Arbeit detailliert dargestellt wurde.[27] Ein weiterer verheerender Nachteil ist die Abhängigkeit des Nutzers gegenüber dem Cloud-Dienstleister. Denn bei der Vorstellung einer unzureichenden Betreuung oder gar Insolvenz des Anbieters, hätte dies äußerst negative Auswirkungen auf alle gebuchte Dienstleistungen des Unternehmens, die unter Umständen sogar schon bezahlt wurden.[28] Auch der Administrationsaufwand sinkt wenn eine Cloud benutzt wird, was jedoch nur im ersten Blick Vorteile aufweist. Die Installation auf den eigenen Computer entfällt und auch Updates werden terminiert von dem Cloud-Anbieter ausgeführt. Durch diese permanente Abnahme der Leistungen, werden in den Unternehmen nur noch wenige oder in nicht seltenen Fällen auch keine IT-Kompetenzen benötigt. Dieser Gesichtspunkt hat jedoch zur Folge, dass bei einem gravierenden IT-Problem ebenfalls keine eigenen Fachleute mehr zur Verfügung stehen. Besonders die notwendige Internetverbindung ist an dieser Stelle noch zu erwähnen, denn für den reibungslosen Zugriff auf die Daten über eine Cloud, muss die Verbindung immer stabil und schnell sein.[29]

---

[27] Vgl. Minnich, Sebastian, Die Vorteile und Nachteile des Cloud-Computing, Absatz: Nachteile, Hrsg. Heise Medien GmbH, Artikel vom 11.05.2017, unter: https://www.heise.de/download/blog/Die-Vorteile-und-Nachteile-des-Cloud-Computing-3713041

[28] Vgl. Minnich, Sebastian, (FN32).

[29] Vgl. Dummer, Niklas, Alles, was Sie jetzt über die Daten-Wolke wissen müssen, Hrsg. WirtschaftsWoche Online, Artikel vom 30.06.2015, S. 3, unter: http://www.wiwo.de/unternehmen/it/cloud-was-sind-die-nachteile-von-cloud-diensten/11975400-3.html

6. Fazit

Zusammenfassend kann man sagen, dass die Nutzung eines Cloud-Service schon seine Vorzüge hat, denn gerade im Zeitalter von wechselnder Wirtschaftslage, ist eine flexible Bereitstellung von Kapazitäten und Ressourcen im IT-Bereich sehr wichtig. Auch die verstärkte Ausweitung von Home-Office Arbeitsplätzen, sprechen für dieses System. Somit sind „Bereiche wie CRM, CMS, Projektmanagement, Sicherheit oder Datenspeicherung",[30] die über Cloud-Lösungen abgedeckt werden, schon heute von vielen Unternehmen sehr beliebt. Auch im privaten Bereich nutzen derzeit viele Menschen die Cloud-Angebote von Amazon, Google, Apple oder Microsoft. Dennoch ist die Auslagerung von IT-Ressourcen in Deutschland, im Vergleich zur USA oder China noch wenig ausgeweitet. Gründe hierfür sind wahrscheinlich das mangelnde Vertrauen in die Anbieter.[31] Auch wenn viele Sachen für dieses System sprechen, darf man die weltweiten Negativnachrichten über Datenverlust, Datenmanipulation oder den Zugriff auf Daten durch Dritte, nicht außer Acht lassen. Ich denke in Zukunft wird die Thematik zum Datenschutz eine entscheidende Rolle für dieses System spielen. Mit Hilfe der Regelung „Privacy Shield", die zum Datenaustausch zwischen EU und USA beschlossen wurde, ist meines Erachtens trotz einiger Kritik, ein relativ guter Grundstein für den sicheren Betrieb der Dienstleistung gelegt worden. Schlussendlich überwiegen für mich die Vorteile des Systems und deshalb bin ich auch der Meinung, dass Cloud Computing viel Potenzial besitzt und sich in den nächsten Jahren weiter durchsetzen wird. Das Wichtigste vor jeder Umstellung ist es, den ausgewählten Anbieter, dessen Firmensitz, sowie dessen Serverstandort genau zu ermitteln, um dann einen sicheren Vertrag mit dem Anbieter eingehen zu können. Wenn dann alle Unsicherheiten geklärt sind, dürfte sich diese Dienstleistung in jeden Fall als Wertschöpfung und Nutzen für zahlreiche Unternehmen darstellen.

---

[27] Minnich, Sebastian, Die Vorteile und Nachteile des Cloud-Computing, Absatz: Fazit, Hrsg. Heise, Artikel vom 11.05.2017, https://www.heise.de/download/blog/Die-Vorteile-und-Nachteile-des-Cloud-Computing-3713041

[28] Vgl. Büst, Rene, Server und Storage aus der Cloud, Hrsg. IDG Business Media GmbH München, Artikel vom 21.01.2012, unter: https://www.computerwoche.de/a/server-und-storage-aus-der-cloud,2369339,20

7. Literaturverzeichnis

Baun, Christian, Kunze, Marcel, Nimis, Jens, Tai Stefan, Cloud Computing, 2. Aufl., Informatik im Fokus, Springer-Verlag, Berlin Heidelberg, 2011

Barton, Thomas, E-Business mit Cloud Computing, IT-Professional, Springer Fachmedien, Wiesbaden, 2014

Luhn, Achim, et al., Cloud Computing – Was Entscheider wissen müssen, BITKOM, Berlin, 2010

Websecuritas, Was ist VPN?, unter: https://www.websecuritas.com/was-ist-vpn/

Manhart, Klaus, Organisationsformen von Clouds, Private, Public und Hybride Clouds, Hrsg. IDG Business Media GmbH München, Artikel vom 29.09.2009, aufgerufen am 23.05.2020, unter: https://www.computerwoche.de/a/organisationsformen-vonclouds,1906429

Haselmann, Till und Vossen, Gottfried, Database-as-a-Service für kleine und mittlere Unternehmen, Förderkreis der angewandten Informatik an der Westfälischen Wilhelms-Universität Münster, Münster, 2010

Dr. Datenschutz, Datenschutz und Datensicherheit beim Cloud Computing, Hrsg. intersoft consulting services AG, Artikel vom 04.01.2017, aufgerufen am 24.05.2020, unter: https://www.datenschutzbeauftragter-info.de/datenschutz-und-datensicherheitbeim-cloud-computing/

Schirrmacher, Dennis, 68 Millionen verschlüsselte Passwörter aus Dropbox-Hack veröffentlicht, Hrsg. Heise Medien GmbH, Artikel vom 05.10.2016, aufgerufen am 23.05.2020, unter: https://www.heise.de/security/meldung/68-Millionenverschluesselte-Passwoerter-aus-Dropbox-Hack-veroeffentlicht-3340846.html

Weichert, Thilo, Cloud Computing und Datenschutz, Kapitel 3 - Anwendbarkeit des Datenschutzes generell, Hrsg. Unabhängiges Landeszentrum für Datenschutz Schleswig-Holstein, Artikel vom 17.06.2010, aufgerufen am 25.05.2020, unter: https://www.datenschutzzentrum.de/cloud-computing/20100617-cloud-computing-unddatenschutz.html

Budszus, Jens et al., Orientierungshilfe Cloud Computing, Kapitel 3 - Datenschutzrechtliche Aspekte, Version 2.0/09.10.2014.

Borges, Georg et al., Leitfaden – Datenschutz und Cloud Computing Nr.11, Kompetenzzentrum Trusted Cloud Arbeitsgruppe, April 2015, S. 12-13, S. 22-27.

Das neue Datenabkommen in den USA steht, Hrsg. Spiegel Online, Artikel vom 12.07.2016, aufgerufen am 26.05.2020, unter http://www.spiegel.de/netzwelt/netzpolitik/privacy-shield-das-neue-datenabkommenmit-den-usa-steht-a-1102659.html

Der Bayerische Landesbeauftragte für den Datenschutz (BayLfD), EU-US Privacy Shield/ Safe Harbor, Stand 03.07.2017, aufgerufen am 26.05.2020, unter: https://www.datenschutz-bayern.de/faq/FAQ-SafeHarbor.html

Gruber, Angela, Unser europäischer Daten-Schutzschild hat Löcher, Hrsg. Spiegel Online, Artikel vom 30.10.2017, aufgerufen am 26.05.2020, unter: http://www.spiegel.de/netzwelt/netzpolitik/privacy-shield-der-eu-in-der-kritik-unserdaten-schutzschild-hat-viele-loecher-a-1175049.html

Joss Thomas, Cloud Backup für Unternehmen, Hrsg. CloudComputing Insider, Absatz: Zusammenfassung, Artikel vom 23.07.2015, aufgerufen am 26.05.2020, unter: https://www.cloudcomputing-insider.de/cloud-backup-fuer-unternehmen-a-498566/

Horn, Robert, Digitaler Baustein für das Internet der Dinge, Hrsg. Vogel Business Media, Artikel vom 06.10.2017, aufgerufen am 27.05.2020, unter: https://www.maschinenmarkt.vogel.de/digitaler-baustein-fuer-das-internet-der-dinge-a650720/

Minnich, Sebastian, Die Vorteile und Nachteile des Cloud-Computing, Absatz: Nachteile, Hrsg. Heise Medien GmbH, Artikel vom 01.11.2017, aufgerufen am 27.05.2020, unter: https://www.heise.de/download/blog/Die-Vorteile-und-Nachteiledes-Cloud-Computing-3713041

Dummer, Niklas, Alles, was Sie jetzt über die Daten-Wolke wissen müssen, Hrsg. WirtschaftsWoche Online, Artikel vom 30.06.2015, Seite 3, aufgerufen am 27.05.2020, unter: http://www.wiwo.de/unternehmen/it/cloud-was-sind-die-nachteile-von-clouddiensten/11975400-3.html

Büst, Rene, Server und Storage aus der Cloud, Hrsg. IDG Business Media GmbH München, Artikel vom 21.01.2012, aufgerufen am 27.05.2020, unter: https://www.computerwoche.de/a/server-und-storage-aus-der-cloud,2369339,20

8. Abbildungsverzeichnis